MW01644377

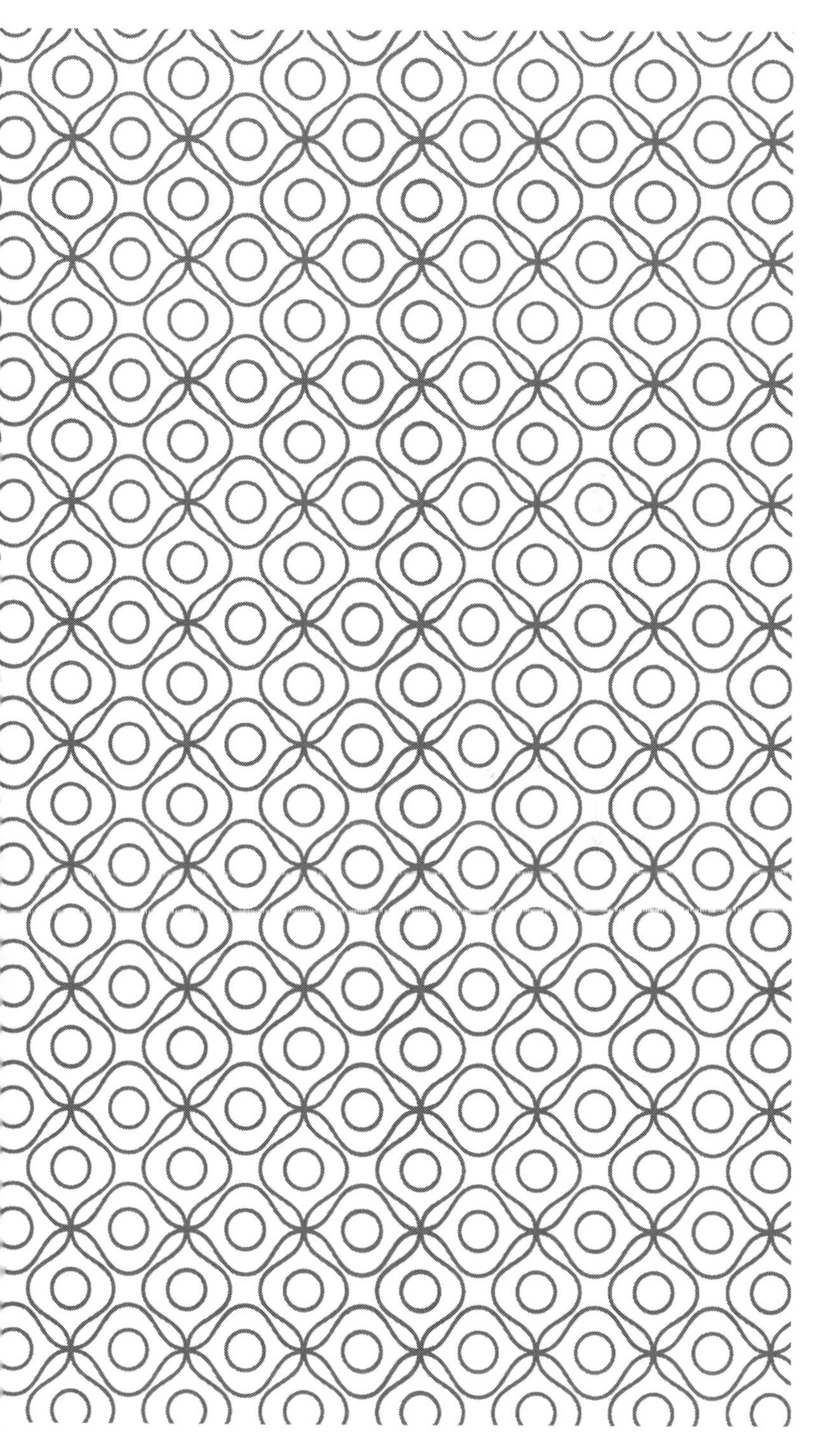

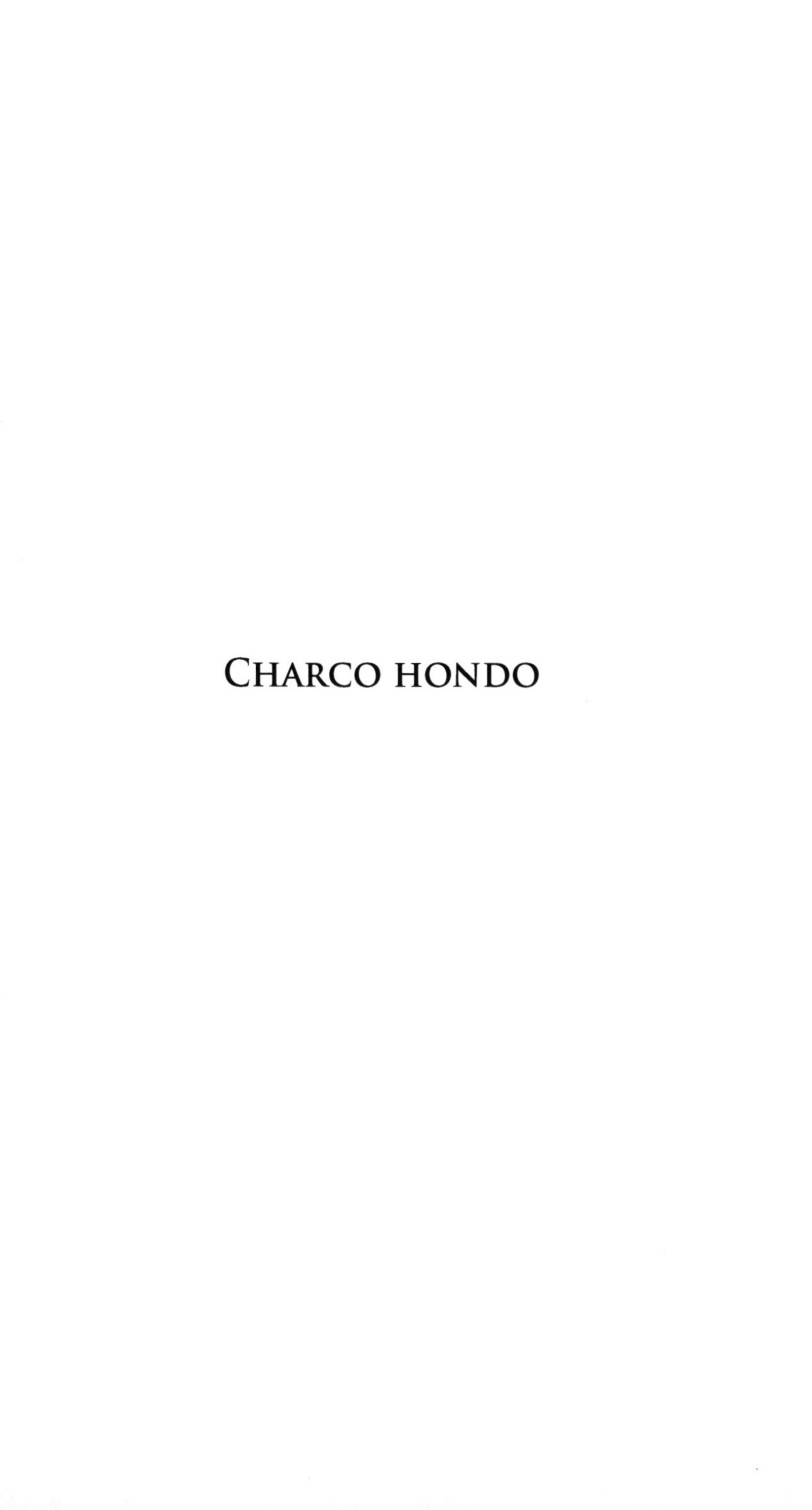

CHARCO HONDO

SABRINA RAMOS RUBÉN

CHARCO HONDO

Charco hondo
Primera edición: diciembre, 2018

EL TECHO Y YO OTRA VEZ publicado anteriormente en: *Pa la posteridá. Antología sobre el paso del huracán María por Puerto Rico* (2018), Ediciones del Flamboyán.

Edición y corrección: Félix M. Rosario Ortiz y Gegman Lee Ríos
Diseño y diagramación: Adaris García Otero
Arte de portada: Javier Orfon
Imágenes interior: Javier Orfon
Fotografía: Marla Cirino

Ediciones Alayubia
ediciones.alayubia@gmail.com
Carolina, Puerto Rico

ISBN: 978-1-7902130-3-0

Sobre *Charco hondo* o "rocas verdes del calor"

En el prefacio de sus *Ensayos críticos*, Roland Barthes establece que "[e]scribir tiene que ir acompañado de un callarse; escribir es, en cierto modo, hacerse callado como un muerto, convertirse en [alguien] a quien se niega la última palabra". Sin embargo, Sabrina Ramos Rubén con su segundo poemario parece apostar por una estrategia diferente. En *Charco hondo* hay su algo de silencio, pero este callado, es como de vivo. Del mismo modo, más que negársele la última palabra, la voz lírica recibe una oportunidad para concebir una imagen totalizante del decaimiento alrededor suyo:

Abre el sepulcro.
Mi rostro sin vida
sobre piedra fría.

Afuera
la muerte cabalga
sobre las astas del viento.

Esa complejidad de la vida interior llevada hasta la profundidad del sepulcro demuestra la metabolización del material poético, entendiendo que "lo espontáneo no es forzosamente auténtico". Más allá de lo evidente (el río, el mar, la sal), en *Charco hondo* el lector es testigo, quiérase cómplice, de esa lograda comunión entre mensaje utópico y lenguaje de los demás, así como también de la experimentación sensorial por la que ha atravesado el hablante poemático para devolver en su justa extrañeza la imagen deseada ("el escribir es, en todos los niveles, la palabra del otro"). Aquí, la posibilidad poética parece intermitente, pero la instancia es suficiente para capturas y captación; el ojo no se deja traicionar por la trampa ni la trampa desaparece con el parpadeo o el refractar de luz:

Entonces, una visión de mano pequeña:
pálida ante las tumbas,
pálida ante la luna sobre el mar.

Mucho antes de llegar a la muerte o al sepulcro, en los primeros poemas es posible apreciar una tonalidad propia del abandono. A partir del "sorbo de agua del olvido" se termina llegando a la relación conciliadora de "[a]brazo la oscuridad densa de la caverna". Es decir, la misma colección evoca sus golpes pero también se consuela, por lo que la desposesión original —por lo histórico— y originaria —por lo mítico— resulta ser una de las tantas claves de lectura. Ante dicho abandono, ante el enfrentamiento sostenido de lo extraviado, lo ensombrecido y las nuevas formas de la cotidianidad, Ramos Rubén encuentra en Tales de Mileto que "el agua es el principio de todas las cosas", media verdad que tendrá que completar con "y también es el fin".

A pesar de esto, la voz lírica no se deja convencer por lo apocalíptico ni se deja comprar por la pena; el dolor se embebe y se le combate haciendo valer los actos más sencillos. Quedan, pues, otras posibilidades que, aunque no ofrecen información exacta de qué es lo que se pierde, proveen una suerte de poética de la contención desde la que se gestan las últimas esperanzas:

El agua se adueña del piso de la casa.
Su frialdad cala la piel,
causa
arrugas momentáneas.

El olor a marisma dice
que entre la cal, el ladrillo y la arena
urge asumir murallas.

En *Charco hondo* pesa la voz de una mujer que representa la urgencia de muchas otras; Sabrina Ramos describe la rabia de tener que callarse ante el desamparo de un país en crisis, de los amores pasajeros, de encarar a diario la nostalgia sin dejarse vencer, pues espera "Enea hirsuta" con su "agarre pequeño de … manos". Y en la lucha constante de vivir con el caos —adentro y afuera—, comprender que "lo que juras tuyo se ha escurrido en la niebla" y que "la quietud devora hasta el silencio", como también asumir que el olvido es necesario, porque a veces no hay tiempo para doler, pero sí para transformar un huracán, los amores, y el día a día que hace de este libro una fina colección de poemas concisos y contundentes.

Un detalle terminante: al momento de titular el texto, no fueron pocas las sugerencias dadas por los editores. Mucho menos por parte de la autora. *Charco hondo* calla como un muerto el esfuerzo dedicado. Por lo tanto, Ediciones Alayubia se enorgullece en presentarlo y presentirlo como un poemario capaz de sobrevivir a las trampas del tiempo, o, en palabras de Barthes, capaz de "trasladarse a las fronteras del lenguaje".

I. Hidrografía

Hay países que yo recuerdo
como recuerdo mis infancias.
Son países de mar o río,
de pastales, de vegas y aguas.

Gabriela Mistral

Seco el viento,
sopla, leve, a través de los ladrillos.
El trigo tiembla impaciente en las orillas
de la desembocadura de un río.

Escucho el discurrir de los cangrejos de agua dulce
en los canales
que inundan la cebada de los cultivos.

HACE TIEMPO HE MIRADO LA SOGA,
cómo sus vellos
raspan la espesura de la piel.
He mirado mi rostro
en las aguas que moran lo terso y profundo
del pozo
y vuelvo a preguntar
sobre aquella oscuridad que desciende por el túnel rocoso.
Un ruido desolado
retumba suave
y desciende escaso en el albor.

TUS DEDOS MANSOS
como un gamo que se acerca
y bebe en las orillas.
Uno de sus cuernos
perturba, leve,
la corriente.

AYER ENCONTRÉ UN NOMBRE EN LA ESPUMA;
el estruendo del agua era tan duro como tu memoria.

Niño antiguo del desierto:
la corriente clama años de ausencia.
Gotas violentas caen
sobre los caracoles negros de tu pelo.

Entre el río y mi centro
hay leguas de piel vieja y cicatrices
sobran grasas y cenizas
en mi vientre
para un sorbo de agua del olvido.

EN LA QUIETUD DE LA SUPERFICIE,
a través de tus costillas,
vislumbro
la partición de las aguas en la tierra.
En tu pecho, un pozo interminable
y la oscuridad forastera.

Un hilo le sobra a la niebla:
la ventana inútil nos espera.

Lamo el tronco de la ceiba,
sus raíces se entierran en mi carne.

Me distraigo del dolor al observar
las nubes pasear suavemente
entre montañas y humedad
posarse sobre el tulipán africano.

TIEMBLAN LAS LUCES AMARILLAS
en el terror de extraviar el horizonte constante del mar.

Estudio los efectos ópticos de la distancia
de cómo se ofuscan las cosas más sencillas
y pequeñas.

Cuando lo que juras tuyo se ha escurrido en la niebla,
el salitre carcome túneles huecos bajo la tierra
y el oleaje invade las columnas de caliza.
La quietud devora hasta el silencio.

El río crece bajo la tierra.
Traspasa la vida perpetua de las piedras,
zanja su longitud en los peñascos.

La vejez de las cavernas crece
como nódulos duros en mis vísceras.
Las corrientes subterráneas
inundan las arrugas de agua en mi piel.

Fluye hasta lo más profundo de las fosas.

Un océano crece aquí.
Nuestros huesos
trocados en corriente y cal.

Prefiero el amargo de la ceniza
a un pulmón herido de agua.

Mis pies son cántaros que corren hacia la mañana.

COMO CUANDO SE DESHILA UN SACO
y se esparcen todos los granos en el suelo.
Así brota tu belleza.

Creo recordar decir
que no le tengo miedo
a la vida.
Pero nunca te conté
el terror que le tenía
al océano cuando niña.
El mar se metió
en tu cuerpo;
en mi cuerpo
las olas lamieron
lo más alto
de las cordilleras.
Pero ayer te vi
entre toda la gente
y no cruzaron ni una vez
tus pupilas con las mías.

Es muy oscuro.
Los gemidos del viento
perforan los barrancos.
Se parece al infierno
y Virgilio no está para guiarme.

Olga Nolla

Un polvillo de hojas muertas
aparta nuestras pieles.

Abrazo la oscuridad densa de la caverna
y espero el sigilo de tus dedos,
rozando los muros.

La ceniza,
una con las corrientes,
reina terrible sobre la tierra
y sobre el estruendo del mar.

GOLPEASTE TU CAYADO
contra la sequedad de la tierra.
Brota
en la Ítaca antigua
un río.

Llegaron
las anguilas de cristal
a morar en los remolinos mansos del agua.

Un ovillo de algas tristes
no basta
para cruzar
los abismos
del océano.

Te espero
en las luces extrañas
del Mar de los Sargazos
para rozar tu mejilla áspera
una vez más.

ENTONCES
veo
que
perdí
la extraña
capacidad
de tocar tu cuerpo
en medio del mar.
Perdí el ábaco.
No sé contar
leguas
ni palmos.
Me hundo
al pensar
en tu arete azul
perdido en la profundidad.

La pobreza y el extravío,
la bota violenta,
el lodo
en la piel
cohabitan
con el querer escuchar
cada día lo mucho
que te gusta el olor
de la plancha sobre la tela.
Pesa la carencia
al lado de tus abrazos en vuelo.

Hoy la mañana giró hacia tu cuerpo.

Después de tanto tiempo
tus manos
visitan el fuego de mi desayuno
como los sólidos ceden ante el líquido
al revolver con la cuchara.

En el calor de la cocina,
al compás de la crueldad,
aprendí a amar la desolación del viento.

AHORA ENCUENTRO LA DIGNIDAD:
se asoma en pieles amargas de cebolla,
esquinas desoladas de la luz.

La sonrisa de esqueleto,
timbrada por la ausencia,
es pan
y la tierra
tiene mandíbulas de hoguera.

Por eso digo viento
aunque duela.
Más bien
cenizas.

Caminar el dolor
como los pájaros
moran en las cavernas

y vuelan con los insectos
al caer la noche.

TOCO LA RUGOSIDAD DEL LIQUEN.
Los vellos en mis piernas
se disuelven con la presión del silencio.

De la luz turbia en el fondo del lago
surgen cangrejos de agua dulce.
Muestran la blandura de sus entrañas.

CAE LA SANGRE
sobre ladrillos
antiguos

oscuridad
y piel muerta
en la argamasa de coral
y en la zafra humeante de los llanos.

El brillo de los dientes
perdidos
en las tapias de latón,
en el rojo
de las planchas de metal.

VEO LAS OLAS DISCURRIR
como anguilas sobre piedras circulares.
El sol se deshace en el agua
las corrientes abrazan mi mandíbula.
No hay tiempo para nadar
sin tocar lo profundo.

No quiero más
que el agua de lluvia tímida
escondida en la madriguera
del cangrejo ermitaño,
del aliento de pájaros antiguos
que vigilan palmas bajo la luna.

Hay un foso estrecho
lleno de agua
hasta el centro del planeta.
Hay paredes altas,
horas impenetrables.
Hay sordera triste en el barro seco.
Tanta sed entre las piedras.
Tanto ruido en los huecos polvorientos.
Tanta ruina dejó el terremoto azul.

Es poca la distancia entre el tiempo
y contemplar la noche clara.
Es larga la espera
para devorar estrellas caídas.

DIGO: "LAS VOCES QUE SE AHOGAN EN EL TÚNEL".
Murmullos quiebran los ecos
en el umbrío túnel de caliza.

Es inútil arrojar una cuerda:
desatar el fácil asombro
al extraviar
la luz sobre tu clavícula,
la firmeza sinuosa de tus brazos
el sosiego garzo en tus ojos.

Ya ni el mar contesta.

Esta tarde
todo pende de la humedad en la luz.

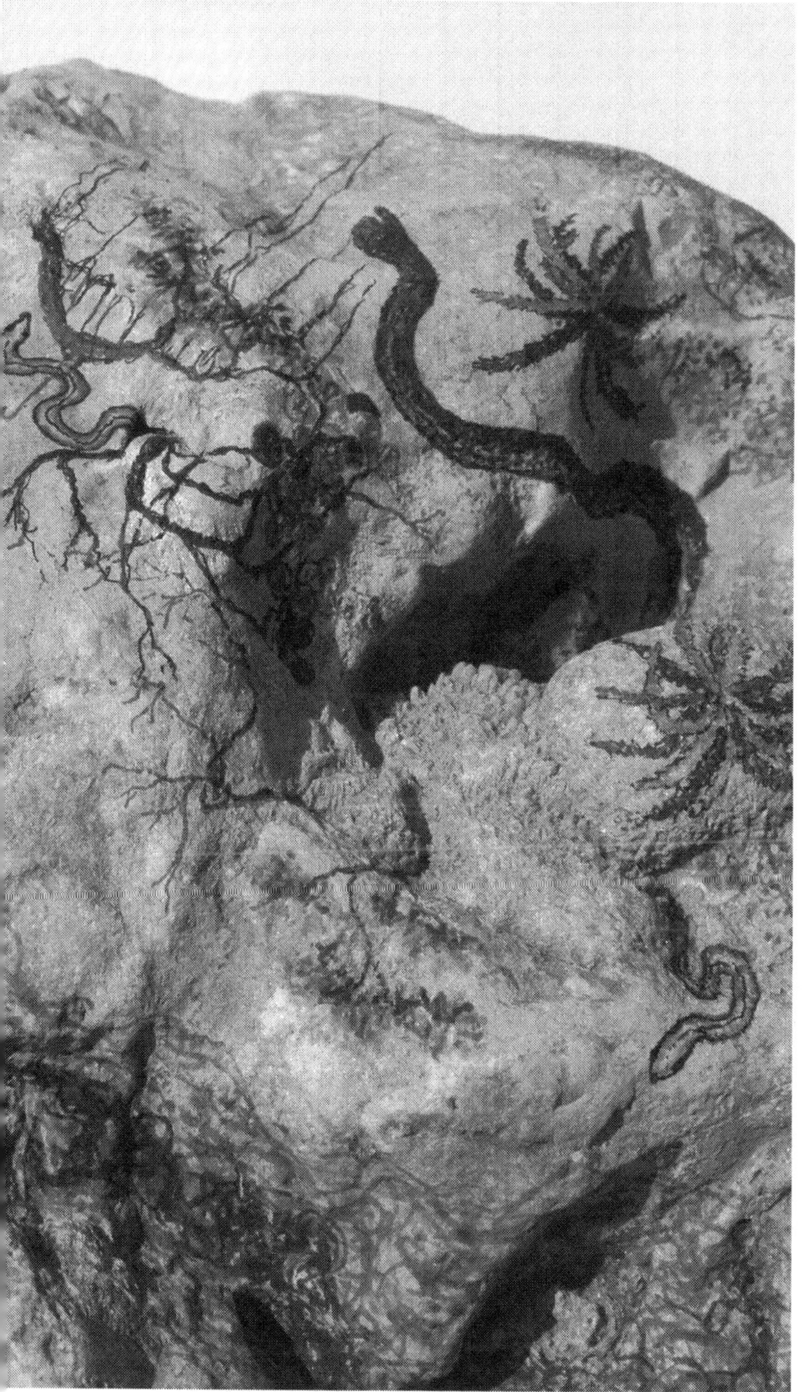

II. Termología

I was outside holding my candle. Now I know at last why I was brought here and what I have to do. There must have been a draught for the flame flickered and I thought it was out. But I shielded it with my hand and it burned up against me to light me along the dark passage.

Jean Rhys

ESTIRO LAS PALABRAS:
una cuerda de verbos
sobre el fango,
un soplo de voz
sobre la ciénaga.

Las raíces altas convierten en tierra la sal
el calor del sol la enmudece hasta el barro.

Escriturada a la tierra,
ni el olor a sal y agua erosiona mi condena.

MIDO EL CRECIMIENTO DE MI NIÑA
en anillos de madera.

Enea hirsuta,
lana de ceiba
sobre su pelo negro.

Este clima
con rocas verdes del calor
no es de esta isla
sino de las costas grises de tu tierra.

La grama bebe
y pienso
en cómo los ríos subterráneos
llegan hasta el mar.

Anochece.
Un ave roza el lago con sus alas,
luz vertida en la tarde amarilla.

Entonces,
recuerdo que extravié
la ceniza líquida de los espejos.

No hay luz.
Arde el verano
y es ironía el nombre de Río Piedras.
Mi perra dormita
bajo la influencia del calor.
Una vez más
todo se resume
entre el techo y yo:
a ver quién de los dos pierde la partida.
Tanto mirar al estucado
endurece la piel.
Puede ser que mañana
cuando
salga el sol nuevamente
me haga reptil.
En medio de la ciudad,
del abandono,
de la levedad,
de los afectos,
los amigos del tuétano
pesan más que la frescura del agua,
más que la sangre.

Quiero contar
la crueldad
de las lámparas fluorescentes
iluminando
los colores de tarros
con comida de bebé.
Pero lo único que puedo recordar
es el semillero negro en tu pelo,
el agarre pequeño de tus manos
unas cuantas horas
después de nacer.

No hay sapiencia
para entender
ese hueco
profundo
vulnerable
que siempre ha sido
la cuenca sencilla entre tus dedos.

Todos los números del mundo
no bastaron
para tener
una miga de tu belleza herida
entre toda la pobreza
entre tanta fuga partida.

El techo y yo otra vez.
El calor sopla mustio en Río Piedras.
Los toldos que cubren los camiones han sido revolcados
por el viento.

Quedan pocos árboles de pie.
Añoro tu garganta.
Tu silencio de barrunto
en el mar.

Aunque aprendiste desde niño a encontrar hábil el olvido,
al menos recuerda,
cuando hagas filas largas bajo el sol,
mis manos sobre tu rostro
como el musgo que crece
sobre la piedra fría.

La lluvia cae sobre el pavimento
entre el polvo húmedo
y las ondas de agua.
Oigo el repicar
en las cunetas.
Ecos redondos
llaman
a la pregunta incesante
del trueno.

Así termina esta tierra
no de un bang
pero de un quejido.

El árbol de mi mundo
está en una isla
en medio del mar

los ojos amarillos
de las aves se deslizan
entre las hojas.

Los picos devoran
las ramas
para ver
sus frutos verdes explotar.

ABRE EL SEPULCRO.
Mi rostro sin vida
sobre piedra fría.

Afuera
la muerte cabalga
sobre las astas del viento.

AGUA MARRÓN CUBRE MI CUERPO.
Doblego mi oreja ante las gotas
en la negrura de las tuberías.

Entonces, una visión de mano pequeña:
pálida ante las tumbas,
pálida ante la luna sobre el mar.

El agua se adueña del piso de la casa.
Su frialdad cala la piel,
causa
arrugas momentáneas.

El olor a marisma dice
que entre la cal, el ladrillo y la arena
urge asumir murallas.

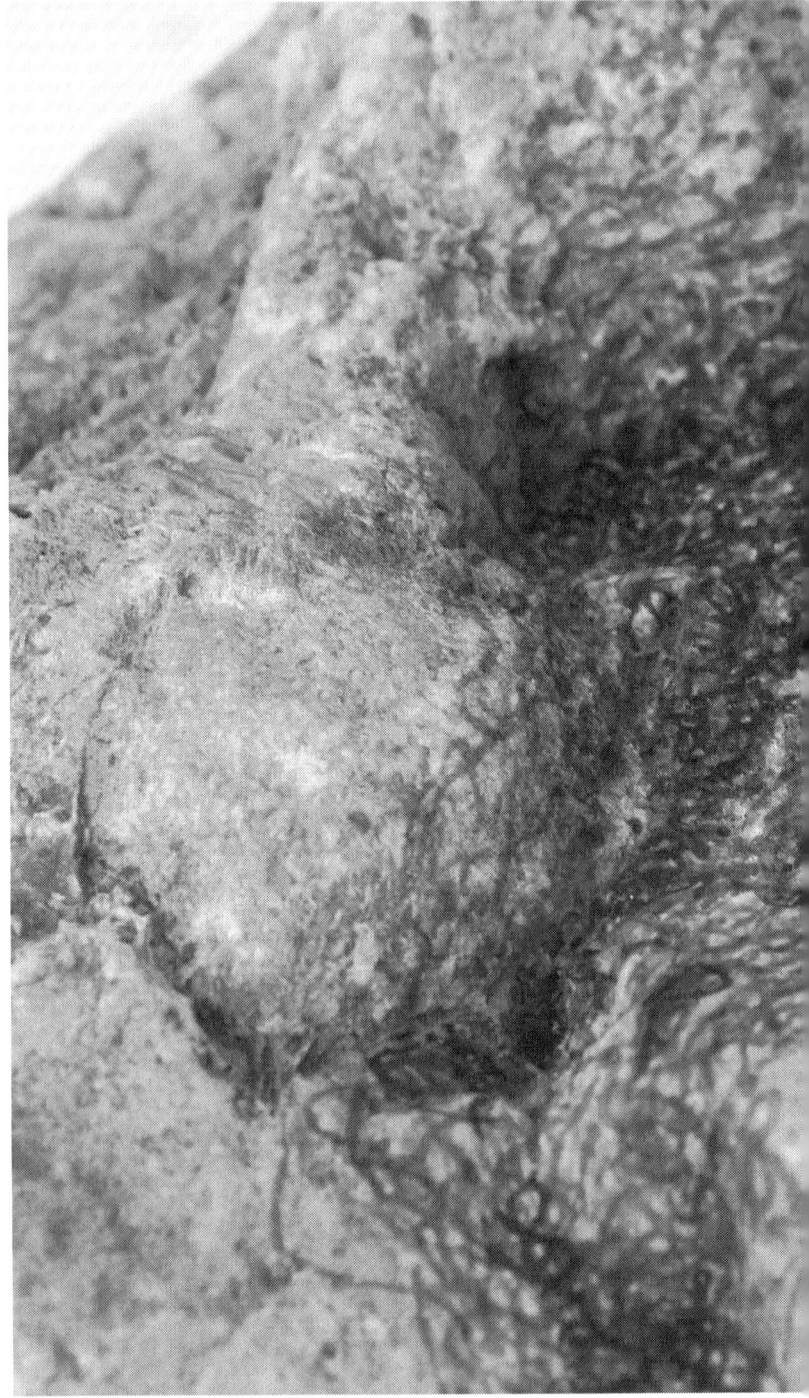

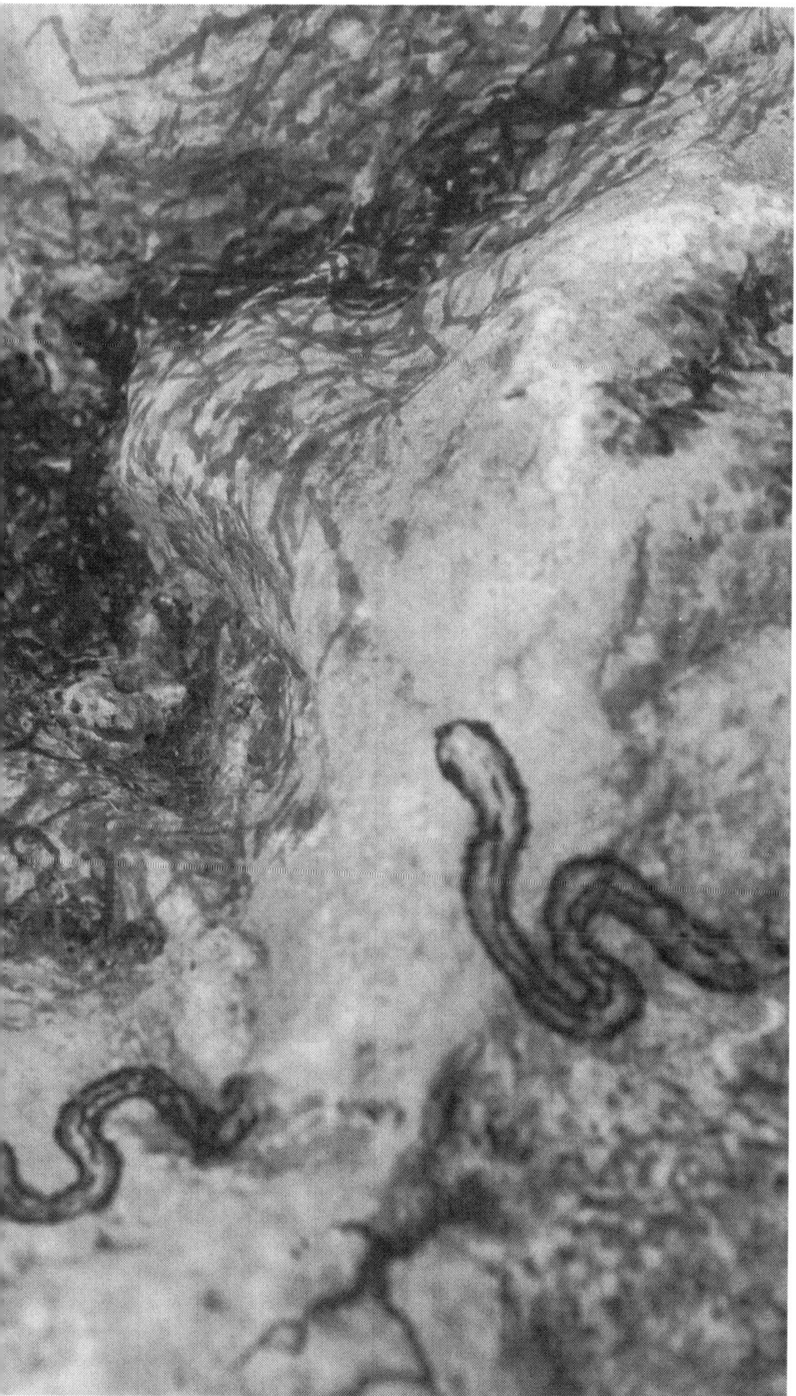

II. Termología

SABRINA RAMOS RUBÉN (Cayey, 1985) es curadora, escritora y traductora. Cursó un bachillerato en Historia del Arte por la Universidad de Puerto Rico, Recinto de Río Piedras. Ha escrito críticas y reseñas de arte en Conboca, Diálogo, Visión Doble y 80 Grados. Entre sus curadurías destacan *Cuerpo|Materia* (Antiguo Arsenal de la Marina Española, Instituto de Cultura Puertorriqueña, 2014); *Conteo de galerías: un llamado a la equidad* (colaboración con Dianne Brás Feliciano y Micol Hebron, Área: lugar de proyectos, 2015) y *Agridulce* de Mónica Ching (Proyecto Local, 2017). En el 2016, publicó su primer poemario *Mangle rojo* con la editorial La Secta de los Perros. Actualmente estudia en el Programa Graduado de Traducción en la Universidad de Puerto Rico.

Made in the USA
Columbia, SC
28 March 2024